Parques nacionales

por Lisa Trumbauer

Consultant: Steve Dodd, Director, Park Ranger Training Program,
Northern Arizona University

Libros
sombrilla
amarilla
para lectores principiantes

Libros sombrilla amarilla are published by Red Brick Learning
7825 Telegraph Road, Bloomington, Minnesota 55438
http://www.redbricklearning.com

Editorial Director: Mary Lindeen
Senior Editor: Hollie J. Endres
Senior Designer: Gene Bentdahl
Photo Researcher: Signature Design
Developer: Raindrop Publishing
Consultant: Steve Dodd, Director, Park Ranger Training Program, Northern Arizona Uinversity
Conversion Assistants: Katy Kudela, Mary Bode

Library of Congress Cataloging-in-Publication Data
Trumbauer, Lisa, 1963-
  Parques nacionales / by Lisa Trumbauer
    p. cm.
  Includes index.
  ISBN 13: 978-0-7368-7356-7 (hardcover)
  ISBN 10: 0-7368-7356-2 (hardcover)
  ISBN 13: 978-0-7368-7442-7 (softcover pbk.)
  ISBN 10: 0-7368-7442-9 (softcover pbk.)
  1. National parks and reserves—United States—Juvenile literature. 2. United States—History,
Local—Juvenile literature. I. Title.
  E160.T78 2005
  333.78'3'0973—dc22
                                                                    2005015623

Adapted Translation: Gloria Ramos
Spanish Language Consultant: Anita Constantino

Photo Credits:
Cover and Title Page: Corbis; Pages 2–4: Comstock Photos; Pages 5 and 6: Corel; Page 7: AP/
Wide World Photos; Page 8: Corbis; Page 9: Corel; Page 10: Image Ideas; Page 11: David
Muench/Corbis; Page 12: Corbis; Page 13: Jeff Barnard/AP/Wide World Photos; Page 14:
Brian Cassey/AP/Wide World Photos

1 2 3 4 5 6 11 10 09 08 07 06

Contenido

La belleza natural

El Parque Nacional de *Yellowstone*, en el estado de Wyoming, es un lugar de gran belleza **natural**. Tiene lagos y montañas, y es el hogar de **bisontes** y alces. Tiene un **geiser** llamado, Old Faithful.

Los parques nacionales **protegen** la belleza natural de los Estados Unidos. *Yellowstone* fue el primer lugar que se convirtió en parque nacional. Esto significa que el gobierno protege el terreno. Visitemos otros parques nacionales de los Estados Unidos.

Terrenos diferentes

La belleza natural es diferente de un lugar a otro. El Parque Nacional de Death Valley se encuentra en el estado de California. Es un desierto seco y caluroso. Hay pocas plantas y animales que viven allí.

El Parque Nacional de Everglades se encuentra en el estado de Florida. En este parque hay una gran variedad de plantas y animales. Allí se encuentran más de 300 clases de pájaros y 700 **especies** de plantas. Es posible que las personas que visi en este parque vean caimanes o manatíes.

Montañas asombrosas

La montaña más alta de Norte América se encuentra en el Parque Nacional de Denali, en el estado de Alaska. Se llama Monte McKinley y cada año muchas personas lo tratan de escalar hasta su cima. Sólo la mitad de estas personas logran hacerlo.

El Parque Nacional de Great Smoky Mountains se encuentra en los estados de Tennesse y Carolina del Norte. Estas montañas son unas de las más antiguas del mundo.

Bosques fantásticos

Hay muchos bosques que se han protegido como parques nacionales. El Parque Nacional de Redwood se creó para proteger los grandes árboles que se encuentran al norte del estado de California. Estos árboles son unos de los más altos que existen en la Tierra.

El Parque Nacional de Shenandoah se encuentra en el estado de Virginia. En el otoño, sus bosques lucen con tonos brillantes de rojo, anaranjado y amarillo. Las personas que visitan el parque pueden disfrutar la vista desde Skyline Drive. Esta carretera se encuentra en las cimas de las montañas.

Cañones y cuevas

El Parque Nacional de El Grand Canyon
se encuentra en el estado de Arizona.
¡Este cañón mide una milla de profundidad
(1.61 km)! Muchas capas de roca forman
este cañón y esto causa que sus lados
parezcan estar rayados en color.

En el estado de Kentucky existen una serie de cuevas subterráneas. Estas cuevas forman el Parque Nacional de Mammoth Cave. ¡Sus túneles miden 350 millas (563 km) de largo! Este es el **sistema** de cuevas más grande del mundo.

Lava, lagos y mucho más

Hace tiempo, los volcanes crearon las islas que hoy en día forman el estado de Hawaii. Hoy en día, algunos volcanes en Hawaii todavía están activos. Cuando hay una erupción lo riegan todo con lava y vapor. Se pueden ver estos volcanes en el Parque Nacional de Hawaii Volcanoes.

El Parque Nacional de Crater Lake se encuentra en el estado de Oregon. Tiene el lago más profundo de los Estados Unidos. Mide 1,900 pies (579 m) de profundidad. El lago se formó en la base de un volcán **inactivo**. Los científicos piensan que tuvo una erupción hace aproximadamente 7,000 años.

En el Parque Nacional de Biscayne, que se encuentra en el estado de Florida, encontrarás barcos hundidos y arrecifes de coral. Este parque muestra otro ejemplo de la historia y de la belleza natural que son protegidas por nuestro sistema de parques nacionales.

Glosario

bisonte   un gran mamífero parecido al búfalo

especie   un grupo de plantas o animales, que tiene ciertas cosas en común

géiser   agua caliente y vapor que se disparan de un hoyo en la tierra, en períodos intermitentes

inactivo   no activo

natural   algo que se encuentra en la naturaleza o que se ha creado por la naturaleza

proteger   cuidar algo para mantenerlo sin daño

sistema   cosas que existen juntas o que trabajan juntas en una manera organizada

Índice

Word Count: 453
Guided Reading Level: L